a infância de

graciliano ramos

2ª edição, 2011

Coordenação editorial: Miriam Gabbai e Simone Kubric Lederman
Revisão: Nelson de Oliveira, Leandra Trindade e Ricardo N. Barreiros
Projeto gráfico: Camila Mesquita

Agradecimento especial: Luísa Ramos Amado.

Créditos das imagens:
Capa e págs. 4, 8, 11, 13, 15, 18, 19, 20, 25, 27, 30: composições de Camila Mesquita a partir do ensaio fotográfico de Tiago Santana, realizado no ano de 2002, na região em que nasceu o escritor Graciliano Ramos, para a exposição "O Chão de Graciliano".
Págs. 6, 29, 32: documentos e fotografias de Graciliano Ramos pertencentes ao Arquivo IEB – Instituto de Estudos Brasileiros da Universidade de São Paulo.
Págs. 3, 7, 12, 17, 26, 29: ilustrações feitas por Aldemir Martins, em 1963, para edição do livro *Vidas secas*, de Graciliano Ramos, Editora Record.

CIP-BRASIL. CATALOGAÇÃO-NA-FONTE
SINDICATO NACIONAL DOS EDITORES DE LIVROS, RJ

D21g
2.ed.

Dantas, Audálio, 1929-
Graciliano Ramos / Audálio Dantas ; projeto gráfico Camila Mesquita. - 2.ed. - São Paulo : Instituto Callis, 2011
il. (A infância de...)

ISBN 978-85-98750-53-8

1. Ramos, Graciliano, 1892-1953 - Infância e juventude - Literatura infantojuvenil. 2. Escritores brasileiros - Biografia - Literatura infantojuvenil. I. Mesquita, Camila, 1969-. II. Título. III. Série.

09-5232. CDD 028.5
CDU 087.5

29.11.10 13.12.10 015644

ISBN 978-85-98750-53-8

Impresso no Brasil

2011
Distribuição exclusiva de Callis Editora Ltda.
Rua Oscar Freire, 379, 6º andar • 01426-001 • São Paulo • SP
Tel.:(11) 3068-5600 • Fax: (11) 3088-3133
vendas@callis.com.br • www.callis.com.br

a infância de graciliano ramos

Audálio Dantas

Instituto Callis

Para meu avô Napoleão Ferreira Ferro, que foi do tempo, do povo e do chão de Graciliano.

Para minhas meninas Ana, Juliana e Mariana.
Para Vanira, companheira dedicada.
E para Luísa Ramos Amado, a Lulu do Mestre Graça, minha querida amiga.

O MENINO Graciliano ainda não tinha três anos quando se mudou, com a família, da cidade em que nasceu, no interior de Alagoas. Era 1895. Seu pai, o comerciante Sebastião Ramos de Oliveira, decidira criar gado no sertão. A família deixava para trás a cidadezinha verde, escondida entre montes, que tinha um nome difícil: Quebrangulo (pronuncia-se *quebrangúlo*).

A viagem foi dura. Demorou muitos dias, em lombo de burro e em carro de bois, até a vila de Buíque, no sertão de Pernambuco, onde morava o avô materno de Graciliano, o coronel Pedro Ferreira Ferro.

Graciliano aos 17 anos.

Seu Sebastião e sua mulher, Maria Amélia Ferro Ramos, foram morar, junto de Graciliano e duas irmãs, numa fazenda chamada Pintadinho. Graciliano era o primeiro dos dezesseis filhos do casal.

A fazenda Pintadinho ficava no meio da caatinga, um mato bravo e espinhento que perde as folhas quando chega o tempo das grandes secas, e aí tudo fica cinzento e muito triste.

Mas quando a família se instalou na fazenda era tempo de tudo verde. Havia pasto abundante para os bois de seu Sebastião. E ali, aos poucos, o menino Graciliano foi descobrindo o mundo.

Certa vez, ele se aventurou até o fim do pátio que começava na frente da casa e terminava nos matos, lá longe, parecendo tocar o céu.

O mato escondia uma maravilha. Era um açude, um mundão de água onde nadavam patos e boiavam plantinhas verdes carregadas de flores. Graciliano ficou ali, admirado de ver aqueles bichos capazes de viver na água. E ficou pensando: “O mundo é muito complicado”.

Ele pensava, pensava, tentando compreender as complicações do mundo. Muitas coisas vistas ainda lhe pareciam sonhos. Uma delas era uma cena em que aparecia um velho de barbas longas, atrás de uma mesa, e crianças em redor cantando:

— Um *b* com um *a* — *b*, *a*: *ba*.

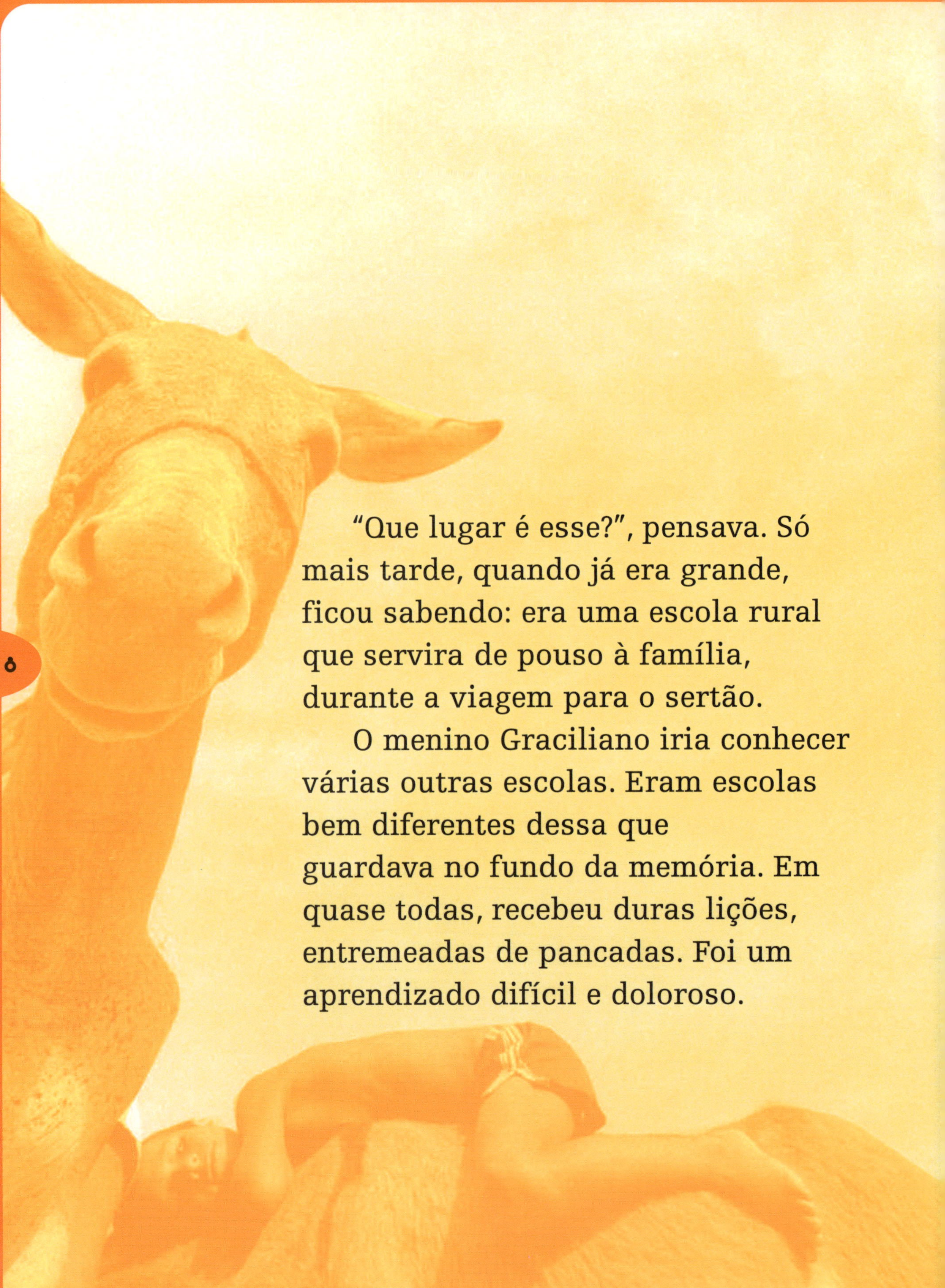

"Que lugar é esse?", pensava. Só mais tarde, quando já era grande, ficou sabendo: era uma escola rural que servira de pouso à família, durante a viagem para o sertão.

O menino Graciliano iria conhecer várias outras escolas. Eram escolas bem diferentes dessa que guardava no fundo da memória. Em quase todas, recebeu duras lições, entremeadas de pancadas. Foi um aprendizado difícil e doloroso.

O MUNDO que o menino ia descobrindo era um mundo difícil e áspero. Ele via as figuras do pai e da mãe enormes. Seus pais exigiam obediência e respeito. De vez em quando, aparecia o avô Pedro Ferro, que morava longe e chegava imponente em seus trajes de vaqueiro. Era um homem grandalhão. Sua voz seca parecia arranhar os ouvidos. Mas, de repente, a voz dele ficava doce, acarinhava a gente.

Havia os empregados da casa e os que trabalhavam no campo, os vaqueiros. E José Baía, um moço alegre que se tornou amigo de Graciliano. Ele fazia graças, inventava brincadeiras. E cantava:

eu nasci de sete meses,
fui criado sem mamar.
bebi leite de cem vacas
na porteira do curral.

José Baía era um amigão. Sabia contar histórias, imitava bichos, inventava brincadeiras gostosas. Segurava Graciliano pelos braços, rodopiava, fazendo o mundo girar. Uma vez, tonto de tanto girar, o menino escapou das mãos de José Baía e foi bater num esteio do alpendre. Ganhou um belo galo na testa. Mas logo vinham outras histórias, outras graças.

— Venha cá, menino.

E lá vinham mais brincadeiras, histórias e cantorias.

José Baía tornava alegres os momentos em que o menino se distanciava da autoridade dos pais. Eles lhe faziam medo. Quando cresceu e tornou-se um dos maiores escritores do Brasil, Graciliano escreveu: "Foi o medo que me orientou nos primeiros anos".

Do pai, lembrava-se do pisar duro, da voz forte, das mãos grossas e ásperas que muitas vezes desabavam em castigos. A mãe era "uma senhora enfezada" que quase nunca sorria. Às vezes, quando sentia medo, ela deixava seu jeito agressivo, perdia a dureza, tornava-se fraca e boa. Ficava até bonita.

Certa vez, dona Maria Amélia leu num folhetim religioso que o mundo estava para acabar. Ficou impressionada, começou a chorar, desesperada. Correu a abraçar o filho, como se assim pudesse protegê-lo do grande desastre.

Uma manhã, menino olhou para além do pátio da casa-grande e viu que tudo estava mudando. Graciliano ainda não tinha cinco anos quando viu chegar o tempo da seca. Um tempo bravo. As árvores foram perdendo o verde sob o sol que dominava os dias.

Os bichos começaram a morrer nos campos secos, sem pasto. Seu Sebastião resistia, tentava salvar pelo menos uma parte do gado. Os vaqueiros cortavam mandacaru e xiquexique, cactos que resistem à secura. Essas plantas servem de ração para os bichos.

Chegou um dia em que faltou água em casa. O menino começou a chorar de sede. As palavras de consolo, tão raras nessa casa, de pouco serviam:

— Tenha paciência, meu filho!

— Mas eu quero água...

— Espere, já foram buscar.

A água vinha de muito longe. A agonia da sede durou horas. O menino rondava o pote vazio. As vozes de consolo perdiam-se, misturavam-se à tortura da boca seca, às "brasas na língua".

Esse tempo feio abateu seu Sebastião. Graciliano espantou-se quando viu o pai sem forças, a cabeça baixa. Ali não estava mais o homem duro, de gestos autoritários, de gritos poderosos que davam medo. Vencido, seu Sebastião decidiu voltar à vida de comerciante. Virou-se para sua mulher e disse:

— Não dá, não. Vamos morar em Buíque.

A família chegou à vila num comecinho de noite. Fazia frio. Graciliano sentiu falta da fazenda e da prosa de José Baía. Havia muitas pessoas na rua, mas ele se sentia sozinho, abandonado nesse mundo estranho, cheio de casas, umas grudadas nas outras. Uma delas era um espanto. Era alta, mais alta do que todas as outras. Explicaram-lhe:

— É um sobrado.

A palavra nova não explicava essa novidade.

— Sobrado, ora essa! Uma casa trepada na outra.

O pai montou a nova loja numa casa grande. A casa servia para o negócio e para a moradia da família. A família tinha aumentado. A menina maior era chamada de Mocinha. Era a mais velha de todos, irmã de Graciliano só por parte de pai. E havia mais duas meninas: Leonor e Otília.

Foi Mocinha quem ajudou o menino nos dias de tormento que ele enfrentou quando o pai resolveu ensiná-lo a ler. As lições eram acompanhadas de castigos. O pai apontava as letras na cartilha. Ia repetindo:

— A, b, c, d...

Afastava-se e, na volta, exigia que o filho repetisse as letras, uma a uma. Ele se desesperava, ficava mudo. Então vinham os castigos. O professor improvisado batia nas mãos do menino com o pedaço de madeira com o qual media os tecidos que vendia na loja.

Os castigos alarmavam a mãe. Ela arrumou paciência para ajudar o filho a aprender as letras. Mais paciência ainda tinha Mocinha. Ela chamava o menino para o quintal:

— Venha, Grace, venha.

Foi por esse apelido carinhoso que ela e os outros irmãos, mais tarde, passaram a chamar Graciliano. Aos poucos, ele foi identificando as letras. Mas duas delas, o d e t, o confundiam. Tinha dificuldade de pronunciá-las. Então recorria à imaginação. Comparava as letrinhas difíceis a bichos domésticos: o d era uma peruinha; o t, um boi. Ficava tudo direitinho na cabeça. Mas quando o pai, com seu grito poderoso, o chamava para a lição, as imagens desapareciam:

— Cadê a lição?

O menino emudecia, o coração batia forte, num desarranjo. Quase desmaiava. Seu Sebastião desistiu afinal. Julgou o filho incapaz de aprender. Mas ele foi avançando, devagar, na soletração. Mocinha guiava-o, paciente:

— Venha, Grace, venha.

As duas letras rebeldes amansaram.

Graciliano iria demorar muito a *desasnar*, como diziam os mais velhos. Ele se afligia diante dos sinais impressos, não conseguia juntá-los, não conseguia formar palavras. Mas ele não era um menino comum. Sua imaginação voava longe. Não aceitava como verdade indiscutível o que lhe diziam.

Perguntava, insistia. Uma vez quis saber o significado da palavra *inferno*. Sua mãe demorou-se a descrever um lugar muito ruim e feio. Ele fez uma pergunta que deixou a mãe confusa:

— A senhora esteve lá?

Não, ela não tinha estado. Tentou novas explicações. O menino não aceitou. E desafiou:

— Isso é conversa.

Ganhou algumas chineladas.

Graciliano vivia quase todo o tempo dentro de casa. Não participava das brincadeiras da rua. Brincava no quintal, com as irmãs e o moleque José, filho de uma empregada. Só via a rua quando, como castigo, tinha a ficar na loja.

Ficava atrás do balcão, invejando os meninos que brincavam na terra batida da rua. Eles brincavam com bolas de borracha, empinavam papagaios, puxavam carrinhos de lata, chapinhavam na lama nos dias de chuva.

A imaginação do menino transpunha o balcão, ia longe, longe. Ele se lembrava de histórias de José Baía. Uma delas era a da *Oração da cabra preta*, que tinha poderes maravilhosos. Quem rezasse aquela oração ficaria livre de todos os perigos. E ainda tinha a vantagem de poder ficar invisível.

— Ah, se eu soubesse essa reza...

Seria bem divertido. Poderiam chamá-lo quanto quisessem. Ficaria quieto, vendo as pessoas à sua procura. Aproveitaria para escapar para a rua, fazer tudo que era coisa proibida. Invisível, jogaria piões invisíveis, papagaios invisíveis seriam empinados e subiriam mais alto do que os dos outros meninos. E se chovesse, brincaria na lama, soltaria barquinhos na enxurrada.

COM PACIÊNCIA e carinho, Mocinha fez com que Graciliano avançasse até o fim da cartilha. Mas lá estavam frases complicadas, carrancudas. Uma delas era especialmente complicada:

— “Fala pouco e bem: Ter-te-ão por alguém.”

O aluno encabulou:

— “Terteão... Que nome esquisito!”

Recorreu à sabedoria de Mocinha:

— Mocinha, quem é Terteão?

A irmã não sabia. Aquele tal de Terteão era um mistério para os dois.

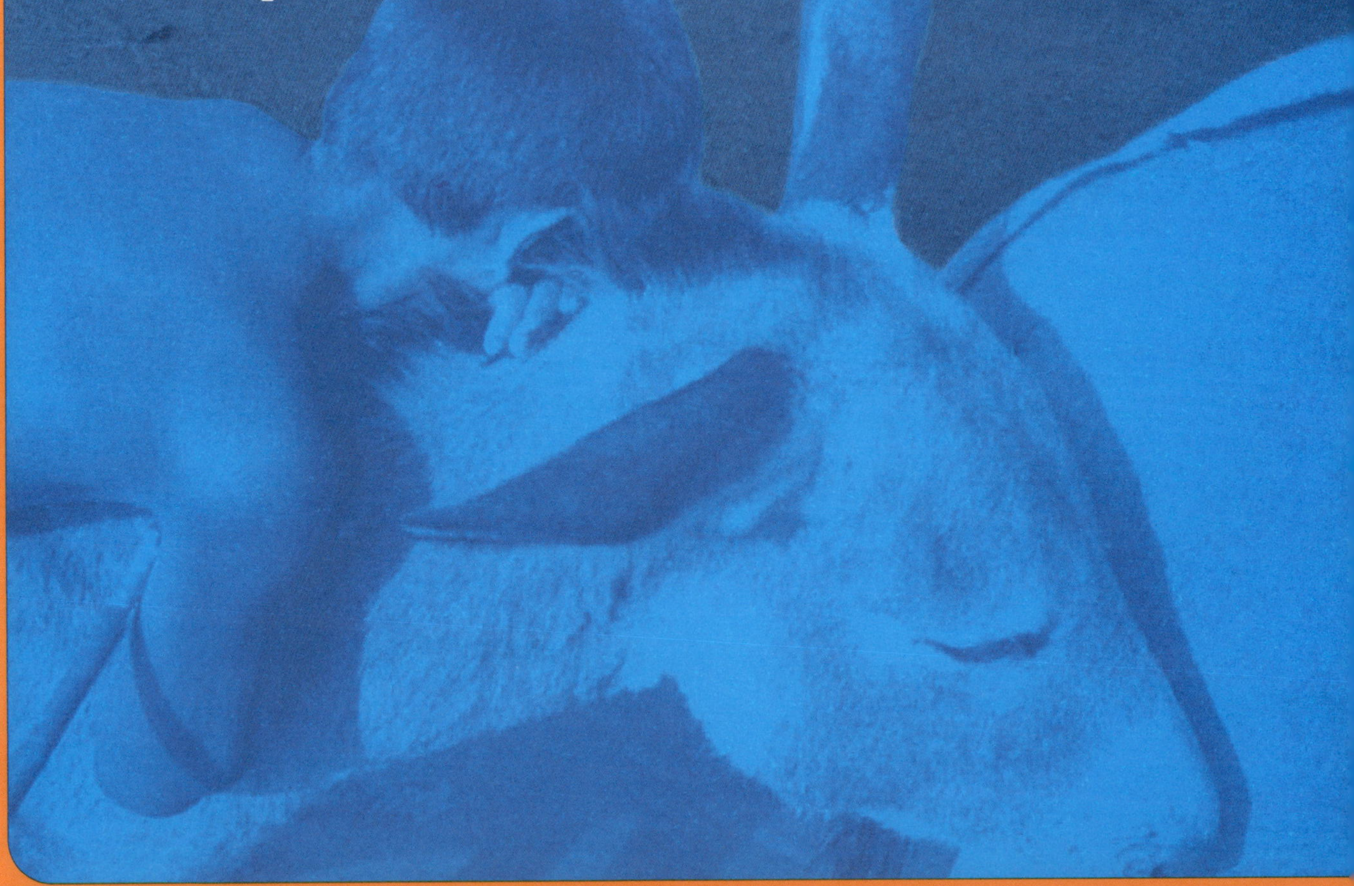

Um dia resolveram mandar Graciliano para a escola. Ele tremeu, pois entendia que isso representava mais um castigo. Aprender a ler, a decifrar palavras complicadas, era um castigo.

Para ele, a escola era um lugar aonde mandavam as crianças rebeldes. Isso era uma injustiça. Ele se comportava direito, obedecia, vivia encolhido, temente do poder dos mais velhos.

Nada disso valia. Prepararam o menino, vestiram nele uma roupa nova. E lá foi ele, o coração aos pulos. Que castigos o aguardariam na escola? Mas a escola, uma salinha atopetada de alunos, não era o lugar de suplício que ele imaginara.

A professora, dona Maria, era gordinha e tinha os cabelos bem branquinhos. Sua fala era mansa e ela explicava calmamente os exercícios. Dona Maria notou as dificuldades do novo aluno. De vez em quando, perguntava se ele estava cansado. Se Graciliano respondesse que sim, dizia:

— Está bem, espere um pouco.

Voltava depois de algum tempo, animava-o a prosseguir:

— Vamos adiante.

Dona Maria falava em voz baixa, calma.

Graciliano até desconfiava. Achava impossível que alguém pudesse ser tão sereno. Por isso, quando não conseguia fazer direito as lições, ficava intranquilo, temendo uma explosão raivosa. Felizmente, logo entendeu que essa professora tinha alma de criança. Dona Maria tinha até dúvidas, como seus alunos. E a temível palmatória, que os professores usavam para castigar alunos que não estudavam direito, nunca foi usada por ela.

Graciliano ia vencendo aos poucos as dificuldades do aprendizado tão desastradamente iniciado em casa. Seus temores quase desapareciam. Tanto que, quando chegava a hora de terminarem as aulas, o que era anunciado por uma réstia de sol que atingia uma marca na parede, ele tinha vontade de ficar. Os outros alunos saíam em algazarra pela rua. Ele andava devagar a caminho de casa. Ia pensando na bondade dessa mulher simples que tão bem acolhia as crianças.

A escolinha de dona Maria era uma ilha de paz. Graciliano progredia devagar. Dava-se melhor com as sílabas e as palavras. Tinha sete anos quando a professora pediu que lhe comprassem um segundo livro. A escola era boa, mas o livro era ruim. Era um livro feio que trazia na capa o retrato barbudo do autor, que era o barão de Macaúbas. Graciliano detestou as histórias cheias de conselhos graves.

Uma delas era a mais detestada. Tratava de um menino vadio que se atrasava para as aulas porque se demorava pelo caminho, parando para conversar com os passarinhos aos quais propunha brincadeiras:

— Passarinho, queres tu brincar comigo?

Os passarinhos, atarefados na construção do ninho, negavam-se e faziam discursos, aconselhavam o garoto a cumprir bem as suas tarefas. Graciliano implicava:

— Passarinho falando, dando conselhos. Onde já se viu?

O barão trouxe desalento a Graciliano, apesar da paciência de dona Maria. E mais desalento traria, em outros livros e em outras escolas, com suas "vastas barbas pedagógicas".

Pior que as lições complicadas do barão foi a doença que atacou os olhos de Graciliano. Ele foi obrigado a abandonar a escola. A doença deixava suas pálpebras inflamadas, coladas. E ele mergulhava nas trevas. A doença causava impaciência em casa. E mais que a dor e a escuridão em que vivia, dando trombadas pelos cantos, causavam tristeza ao menino os apelidos que sua mãe lhe dava. Um, mais antigo, era *bezerro-encourado*, que no sertão significa *intruso*. E o mais recente era *cabra-cega*, por causa da doença dos olhos. O segundo apelido doía mais fundo. A cegueira fez Graciliano perceber melhor o valor das palavras. *Cabra-cega*... As duas palavras martelavam na sua cabeça. Lembravam um jogo infantil de que não gostava:

— Cabra-cega!

— Inhô.

— Donde vem?

— Do mundéu.

Seu Sebastião decidira voltar à terra natal. Aos poucos, tinha se recuperado dos prejuízos causados pela seca. Era o final do ano de 1899, quando a família fez a viagem de volta a Alagoas.

Foram muitos dias de viagem, dezenas e dezenas de quilômetros percorridos até a cidade de Viçosa, na região da Zona da Mata. Durante a viagem, o que mais chamou a atenção do menino foi a mudança da paisagem. Aos poucos, as terras secas do sertão foram se perdendo na distância. O mato ralo, áspero e cinzento foi sendo substituído por uma vegetação densa, fechada e muito verde.

Em Viçosa, Graciliano logo retomou os estudos interrompidos pela doença dos olhos. Mas a escola em que foi matriculado era bem diferente daquela em que a doçura de dona Maria amenizava as dores do aprendizado iniciado em casa. A nova professora também se chamava Maria, mas tinha os olhos raivosos e ditava as lições aos berros, impondo sua autoridade com a palmatória em punho.

A palmatória era um símbolo nas escolas interioranas daquele tempo, quando a disciplina se impunha pelo medo. Muitos anos depois, quando escreveu as suas memórias de infância, Graciliano registrou: “Não há prisão pior do que uma escola primária do interior.”

Quando ele passou para uma escola mais adiantada, a qual definiu como "uma espécie de colégio", não encontrou métodos muito diferentes. Na nova escola, o Internato Alagoano, de Viçosa, a palmatória também era adotada. Às vezes de forma muito mais cruel: nas provas, os alunos que respondiam corretamente às questões eram obrigados a castigar os que erravam.

Devagar, Graciliano foi progredindo nos estudos. Muito do que aprendeu foi com o próprio esforço, sozinho, mais do que em todas as escolas que frequentou. Cada vez mais tomava gosto pela leitura tão penosamente adquirida. Na nova loja do pai, que vendia de um tudo, havia nas prateleiras, encalhados, uns dicionários nos quais procurava as definições de muitas palavras que não conhecia. Ele lia tudo que lhe passava pelas mãos: jornais velhos, revistas, almanaques, folhinhas...

Aos dez anos, Graciliano descobriu um tesouro. Era a biblioteca do dono do cartório, o tabelião Jerônimo Barreto. Ele passava pela calçada, espichando os olhos para a sala onde uma grande estante exibia encadernações coloridas. Namorava os livros de longe. Até que um dia, tomou-se de coragem, bateu à porta e pediu:

— O senhor me empresta um livro?

O homem atendeu com simpatia o pedido. Dirigiu-se à estante, apanhou um volume, entregou-o ao menino. Era *O guarani*, de José de Alencar. Sorrindo, fez o convite:

— Volte sempre.

Graciliano voltou muitas vezes. Leu muitos livros de aventuras, deliciou-se com romances de capa e espada. O tabelião indicava-lhe novas leituras: Joaquim Manuel de Macedo, Júlio Verne. Depois leu livros grandes, como *Dom Quixote*. Em pouco tempo, tinha devorado toda a biblioteca de Jerônimo Barreto.

Viçosa, 24 de Junho de 1904

ANNO I — O Dilúculo — NUM. 1

ORGÃO DO INTERNATO ALAGOANO

Redactores—Cicero de Vasconcellos e Graciliano Ramos

PUBLICAÇÃO BI MENSAL

Expediente

Assignatura por mez, . . . $500
Adiantados

O DILUCULO

Diluculo porque?

Outro nome ficaria melhor ao jornalzinho que hoje apresentamos ao publico. Em logar de Diluculo, para que elle deixasse a idéia de alguma coisa que brilha nas trevas, poderiamos apresental-o com o nome de lampyrio — pequeno insecto que anda a povoar de pontos luminosos as noites tenebrosas.

O diluculo clarão tenue que vem illuminando as madrugadas, diffundindo as neblinas que fluctuam nos valles, velando os campos, velando as rosas, velando a corrente sussurrante, mais tarde será o esplendor, será o offuscamento!

O que era luz indecisa a se formar-se é na grande luz meridiana. O sol, antes de [illegible] apparição, nos dá o diluculo; em pleno céo nos dá o esplendor. Tambem a intelligencia do homem, se, na infancia, se manifesta de um modo vago, indeciso, mais tarde, em *pleno zenith*, poderá offuscar com o [illegible] talento.

[illegible] esta a nossa [illegible] não nos levamos [illegible] de estabelecer-mos uma comparação absurda.

O [illegible] jornal nos veio, [illegible] de tomarmos [illegible] como a imagem da vida. [illegible] a esperança; a luz [illegible] em plena [illegible], o crepusculo vespertino (agonia da luz), a de-[illegible]

[illegible] jornal dá a en-[illegible] que elle redi-[illegible] cia, — o dilu-[illegible]

Em todas as suas funcções de [illegible] dação, a luz é a imagem da vida.

Dirão alguem: a comparação não é perfeita porque a luz deixa a terra no ocaso, para vir

O Dilúculo

O gosto pela leitura se aprofundava. E se aprofundou ainda mais quando chegou à cidade o novo agente do correio. Era Mário Venâncio, um sujeito meio esquisitão, de cabelos compridos e desarranjados. Mas não demorou muito tempo para descobrirem que ele era um homem de muito saber. Era entendido em leituras.

Mário Venâncio foi lecionar no colégio onde Graciliano estudava. Não demorou muito, a rapaziada estava participando de uma espécie de clube literário que ele dirigia. Aí nasceu a ideia de um jornalzinho. Era *O Dilúculo*, nome pomposo escolhido por Mário Venâncio. *Dilúculo* quer dizer *alvorada*, *aurora*.

O Dilúculo circulou pela primeira vez em 24 de junho de 1904. Foi quando Graciliano virou jornalista. E começou logo como diretor. E ainda não tinha doze anos de idade. O jornal também publicou o seu primeiro conto, *Pequeno pedinte*. Quando tinha catorze anos, Graciliano lia escritores difíceis, como Balzac, Eça de Queiroz e Dostoievski. E escrevia para jornais e revistas de Maceió, capital de Alagoas, e até do Rio de Janeiro, que era a capital do Brasil. Eram principalmente poemas, sempre assinados com pseudônimos.

O mestre Mário Venâncio elogiava os trabalhos do jovem Graciliano. Ele ainda teria muito que aprender, dizia. E, como um profeta, acrescentava:

— Você vai ser um grande escritor.

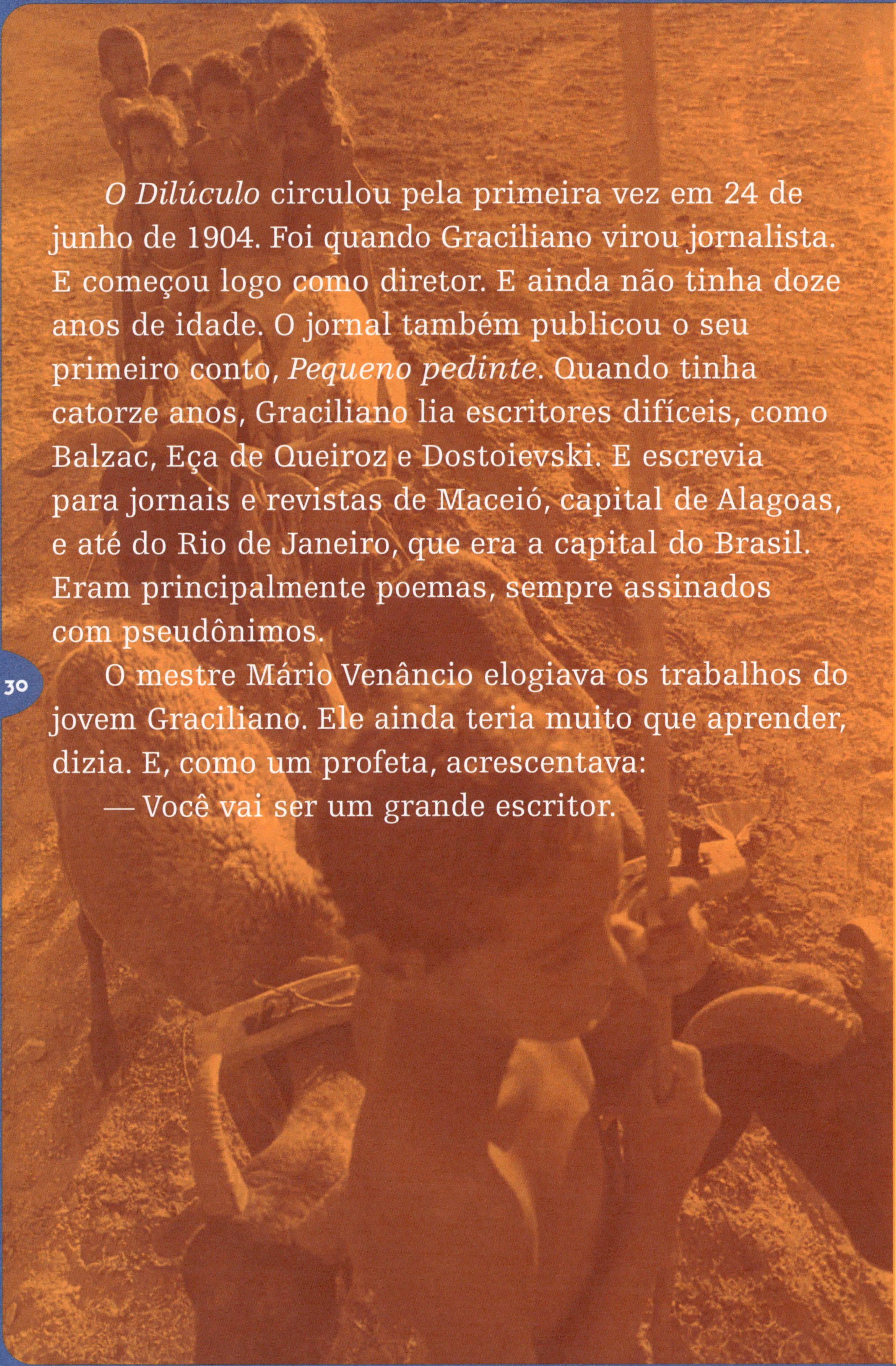

Principais obras de Graciliano Ramos

Caetés (romance, 1933), *São Bernardo* (romance, 1934), *Angústia* (romance, 1936), *Vidas secas* (romance, 1938), *A terra dos meninos pelados* (infantojuvenil, 1939), *Infância* (memórias, 1945), *Insônia* (contos, 1947), *Memórias do cárcere* (memórias, 1953).

Dados biográficos de Graciliano Ramos

27 de outubro de 1892: Nasce em Quebrangulo, Alagoas.
23 de outubro de 1895: A família muda-se para Buíque, no sertão de Pernambuco.
Novembro de 1899: A família volta para Alagoas, vai residir na cidade de Viçosa.
24 de junho de 1904: Graciliano dirige o jornal estudantil *O Dilúculo*, no Internato Alagoano, onde publica seu primeiro texto literário, o conto *Pequeno pedinte*.
27 de outubro de 1910: Passa a residir com a família em Palmeira dos Índios, Alagoas.
27 de agosto de 1914: Embarca para o Rio de Janeiro, onde trabalharia como revisor dos jornais cariocas *Correio da Manhã*, *A Tarde* e *O Século*.
1925: Inicia a redação de seu primeiro romance, *Caetés*, que seria publicado em 1933.
7 de outubro de 1927: Elege-se prefeito de Palmeira dos Índios. Como prefeito, escreveu o relatório de sua administração, destinado ao governador de Alagoas, numa linguagem que levaria à descoberta do escritor.
18 de janeiro de 1933: É nomeado diretor da Instrução Pública do Estado de Alagoas.
1934: Publica seu segundo romance, *São Bernardo*.
Agosto de 1936: Sai o seu terceiro romance, *Angústia*. Graciliano encontrava-se preso no Rio de Janeiro, por motivos políticos, desde o início do ano.
1938: Surge o romance *Vidas secas*.
1945: Publicação de *Infância*, livro de memórias.
20 de março de 1953: Morre no Rio de Janeiro. No mesmo ano é publicado *Memórias do cárcere*, obra póstuma.

Audálio Dantas nasceu em Tanque d`Arca, Alagoas, em 1929, na mesma região de nascimento de Graciliano Ramos. Ambos pertencem ao mesmo tronco familiar: os Ferreira Ferro. Dentre os trabalhos mais importantes que realizou, inclui-se a descoberta e a compilação dos diários da favelada Carolina Maria de Jesus, publicados no livro *Quarto de despejo* (Editora Francisco Alves, 1960). Fora das redações, ocupou cargos como a presidência do Sindicato dos Jornalistas de São Paulo, durante a ditadura militar, quando denunciou o assassinato, sob tortura, do jornalista Vladimir Herzog. Audálio publicou *O circo do desespero* (Editora Símbolo, 1976) e *Repórteres* (Editora Senac, 1998), entre outros livros. Em 2003, por ocasião do cinquentenário da morte do autor de *Vidas secas*, realizou em São Paulo o projeto "O Chão de Graciliano", exposição montada também em Maceió, Araraquara, Fortaleza e Recife.

Graciliano em Laranjeiras,
no Rio de Janeiro.